VERSOS DORMIDOS

Versos Dormidos

Daniel García Martín

Círculo Rojo
EDITORIAL

Primera edición: marzo 2024

ISBN: 978-84-1061-728-5

Impresión y encuadernación: Editorial Círculo Rojo

© Del texto: Daniel García Martín
© Ilustración de Portada: Naroa Elvira Etxeberría
  Idea de Ilustración de Portada: Beatriz Aguado Gallardo y Naroa Elvira Etxeberría
© Maquetación y diseño: Equipo de Editorial Círculo Rojo

Editorial Círculo Rojo
www.editorialcirculorojo.com
info@editorialcirculorojo.com

Impreso en España — Printed in Spain

«Qué difícil se hace subir a la cima de una montaña y, una vez allí, qué fácil se baja. Todo lo que tarde en construirse se destruye con la facilidad con que el fuego consume el pino seco».

Versos dormidos es una evolución de poemas, un compendio de tres libros que han estado aletargados durante veinte años, un sueño en el que han ido madurando hasta que me he decidido a que vieran la luz.

Son versos, en su mayoría, sobre mi vida y sobre los sentimientos que otras personas me despertaban. En definitiva, una liberación de emociones y pensamientos, una forma de hacer terapia y sacar todas esas cosas que se quedan dentro de uno y que, de alguna manera, acaban modificando la forma de ser. Eso que, cuando eres joven, no sabes cómo digerir (y no te enseñan, porque seguramente tampoco les habían enseñado) y cómo hacer que pase por tu vida de forma que te haga crecer, en lugar de lastrarte y descolocarte.

A las personas que han pasado por estos versos, los paisajes, el amor, el desamor, la ternura, la dureza, los amigos, los traidores, la esperanza, la desesperanza, el consuelo, el desconsuelo y, en fin, las demás virtudes y defectos de vivir no puedo sino agradecerles, ya sea para bien o para menos bien, el haber pasado por mi vida. De una forma u otra han formado parte de ella, han forjado mi carácter y me han ayudado a ser la persona que soy hoy día, no sé si mejor o peor, que lo valoren otros, porque al final me considero más intransigente con lo propio que con lo ajeno. Considero que he recibido mucho y que lo he transformado en cosas lo más positivas posibles, una metamorfosis evolutiva en la que los pensamientos van tomando madurez, aunque curiosamente he ganado en frescura y disfruto más de las cosas con el devenir de los años.

No he sido una persona de mucha lectura o mucho trato con la poesía en sí, aparte de los clásicos que nos invitaban a leer los profesores de Literatura. Quizá he bebido más de las fuentes poéticas musicales que de la propia literatura. La lectura (así como la música) que más me apasiona, independientemente del género, es aquella que en algún momento puedo hacer mía, me evoca recuerdos propios y me transporta a situaciones vividas o con la que pueda empatizar y sentirme dentro.

Espero que en alguno de estos versos os sintáis protagonistas y que os ayuden u os hagan recordar, con una sonrisa en los labios, algún momento de vuestras vidas, y vengan a la cabeza ideas positivas y hermosas para continuar con el trabajo de seguir viviendo. Y si no son positivas, hay que positivizarlas y pensar que somos nuestro pasado, y el presente es lo que se forja por lo que aprendemos de ese pasado. Quizá tengamos que repetir el examen hasta que saquemos conclusiones positivas… Al menos, hay que darse la oportunidad de probar.

Gracias por dedicaros y por dedicarme un momento importante de vuestras vidas.

1. POESÍA

Poesía, reflejo del alma,
un sentimiento que
se escribe en un papel.
Un sueño nuevo
que se puede contar.
Abrir el corazón
y vaciarlo en un verso.
Un poema
no es un recuerdo,
es un sentimiento
basado en sus recuerdos.
Quizá nadie os aprecie
porque sois versos sin orden,
pero no importa,
solo importa al poeta,
porque no son solo versos,
son sus sentimientos
los que se ven en estas líneas.

Es su vida, es su sueño,
es un amor, una ilusión,
son parte de él,
algo que nadie
podrá comprender,
sino solo el poeta,
porque en ellos está su alma,
en ellos están sus momentos,
difíciles y amargos,
felices o enamorados,
tristes, aciagos,
nostálgicos o tiernos.
Momentos que no dejaría
de vivir porque
esos momentos son su vida.
Poesía no es sino
el alma y vida de su autor.

(23-7-90)

11. MJOLNIR

Usé el nombre de un dios
como seña de identidad.
¡Cuán pretencioso era!
En esta vida nunca
seremos dioses,
únicamente meros instrumentos
que usa para regir
nuestros destinos.
Así pues, en adelante
no seré el dios del trueno,
sino su frío y duro martillo.

(16-11-97)

III. DESDE LA ÚLTIMA VEZ

Solitarias noches,
interminables días,
horas que no acaban.
Así transcurre el tiempo
desde que nos vimos
por última vez.
Solo pensando en volver
paso el tiempo.
Soñando con tus ojos
verdes y brillantes
como esmeralda tallada.
Con tu lindo pelo,
que como a su capricho
el mar hubiera ondulado
y en el que el sol
dejase sus destellos.

Con tu cara y tu sonrisa,
tus suaves manos y tus besos.
Echo de menos tu presencia.
Te necesito cerca de mí.
Nuestros corazones fundidos
en la llama de amor mutuo,
nuestros pensamientos unidos,
pensando en el reencuentro
aunque estés demasiado lejos.

IV. COMO UN RÍO

Nuestro amor nació
como el caudal de un río,
fuerte y pequeño,
pero a cada paso que da
se agranda y
recibe afluencias de amor
por pequeñas cosas.
Y ese amor se va ensanchando,
haciéndose grande y sereno,
y poco a poco va
recorriendo el camino
hasta fundirse con el mar,
igual que el amor
se funde con un beso.

V. ¿DÓNDE QUEDÓ TU SONRISA?

¿Dónde quedó tu sonrisa?
No fue un sueño del cual
al despertar no queda nada.
Un sueño realizado que
al despertar dejará un recuerdo
hasta el próximo sueño.
Una bonita esperanza
que no se echará a perder.
¿Dónde quedó tu sonrisa?
No apagues tu luz
por una despedida.
Piensa en el encuentro
y espéralo con felicidad.
No pierdas tu sonrisa,
que su destello me llegue
e ilumine mis pasos.
¿Dónde quedó tu sonrisa?
No digas que se perdió.

¿Qué he de hacer para encontrarla?,
¿he de volver? Pues volveré.
Musa de mis versos,
pluma de mi tintero
que en mi amor se moja,
luna de mis solitarias noches,
¿dónde quedó tu sonrisa?
Rosa preferida de mi jardín,
¿por qué tú mi única rosa?
Solo un nombre, Virginia;
¿por qué tu nombre?
Solo una chica, Virginia;
¿por qué de entre todas tú?
Tú eres mi vida Virginia, pero
¿dónde quedó tu sonrisa?
Cambia tu melancolía
por una sonrisa y un recuerdo.

VI. EL GRITO DEL MAR

La brisa acaricia tu pelo,
en tus ojos dejas ver una lágrima.
Yo dibujo un corazón en la arena
y pongo tu nombre.
Tú te acercas e intentando sonreír
dibujas el mío.
Mas la pleamar se los llevó
como los gritos de un náufrago
que se pierden en altamar,
donde nunca nadie podrá llegar.
Solo nosotros oiremos nuestros nombres
cuando los grite la mar,
porque el mundo es sordo
y las palabras de amor
no las sabe escuchar.
Solo los corazones que se buscan,
los corazones en soledad,
son capaces de decir esas palabras,
que son las que llenan los poemas.
Poemas para una chica
que a mi corazón llegó
sin darme siquiera cuenta,
la chica a la que más quiero,
por la que mi corazón late.
Virginia, hoy la luna no salió,
está triste porque hemos
vuelto a separarnos,
hoy no sonríe a las personas
que comprenden el amor.

El sol no brillará
como en días pasados.
Mientras, el mar me trajo tu recuerdo,
esa mirada que exalta mi corazón,
el beso de la amarga despedida,
el último adiós desde el autobús.
No soporto la idea de verte triste,
quisiera que todo cambiara,
pero mientras haya gente
que no oiga los gritos de la mar
y crea que la luna sonríe
y que el sol brilla todos los días,
que no comprendan su significado,
el amor solo será para aquellos
que tienen el corazón por principio
y el amor por meta.
Debemos ser más duros que el resto
para olvidar nuestro entorno
y disfrutar lo que tenemos.
Nos tenemos el uno al otro
y nuestro amor por medio,
solo nuestro amor.
Que sea la mar quien
grite nuestro amor
y, aunque nadie lo escuche,
¿a quién le importa?
Solo a nosotros, que formamos
el círculo de un amor
que cada pequeña cosa
que hacemos lo hace mágico.

(3-5-89)

VII. UNTITULED SONG

Escuchando de nuevo
nuestra canción,
otra vez pensando en ti.
Después de tanto tiempo
volví a verte, con la luna llena
sobre nuestros corazones,
¡volver a ver tus ojos,
tu cara, tu pelo, tu risa!
No pensé jamás
que te echaría tanto de menos
como lo estoy haciendo.
Ahora comprendo por qué
ese continuo pensar en ti
desde aquel lejano día
en que decidimos separar
nuestros corazones.

Es porque aún nos queremos,
aún perdura el amor entre los dos.
Desde que te conocí,
le exijo cosas al amor
que solo tú me diste.
Siento un gran vacío
cuando tú no estás,
que nunca nadie pudo
llenarlo de amor, porque
ese vacío estaba completo
del amor que me diste.

Te quiero como el primer día,
con toda el alma.
Como el día busca al sol,
como la noche a las estrellas,
así te he buscado a ti
todo este amargo tiempo
que estuvimos separados.
Sol que mis pasos guías,
estrella que mis noches velas,
luna que mis sueños guardas,
corazón que en mis sueños vive,
amor que mi corazón siente,
así eres tú para mí.

Tengo una rosa en la mano
para dársela a la flor
más hermosa del jardín,
la chica que ocupa mi corazón,
a la que doy lo más grande
que puedo dar de mí,
una rosa y mi corazón,
que es todo mi amor.
Si te preguntas qué es el amor,
no lo sé;
el amor no es razón,
es un sentimiento,
un impulso del corazón.
¿Aún no sabes qué es el amor?
Amor somos tú y yo.

(7-3-91)

VIII. UN AÑO DESPUÉS

Mi corazón vuelve a respirar.
Dos corazones ardiendo
en una llama incandescente
de amor sin condición,
sin cadenas, sin fronteras.
Solos los dos.
Tú colmaste mi anhelo,
me llenas de ti a cada momento.
Perdido en el silencio y la soledad,
necesitaba tu voz, tu cariño;
añoraba tu comprensión.
¡Si hubiera podido volver
atrás en el tiempo
y volver a vivir
los momentos maravillosos
que estuvimos juntos!
Con el tiempo
intenté acostumbrarme,
pero me era imposible,
no conseguía quitarte de mi mente,
te grabaste muy fuerte
dentro de mi corazón
y, cada vez que volvía
a hablar contigo,
¡me latía tan fuerte y sin parar!,

como si quisiera salir
de una prisión eterna,
como si le faltara el aire.
Mi corazón soñó tantas veces
con este momento
que, cuando la tuve a mi lado,
creí que era un sueño.
Pero ese momento era real;
estaba junto a ti;
podía tocarte, besarte.
Momentos llenos de amor,
momentos tan esperados,
mis sueños cumplidos:
¡ella había vuelto!
Y con ella, la ilusión.
Siempre estás conmigo:
cuando sueño,
lo hago contigo;
si vivo, es por ti;
si río, río para ti;
si lloro, lo hago
por separarme de ti;
y cuando siento el amor,
solo pienso en ti;
cuando abro mi corazón,
solo tú estás en él.
Gracias por llenar mi vida.

(Entre marzo y julio del 91)

IX. ATRAPADO

Hace algún tiempo
hice daño a tu corazón,
te rompí una ilusión
porque no podía ser como dos,
dos corazones, dos amores.
Pero el tiempo ha pasado
y lo ha cambiado todo.
Encontrar el momento
de decir «te quiero»
no fue difícil,
pero esas palabras
no son fáciles de decir.
Al final habló mi corazón
y dijo lo que sentía por ti.
Para ti no fue fácil
abrirme el corazón,
porque la distancia y el amor
no son buenas compañeras.

Entonces te hice comprender
que había magia en esa noche
y el frío del anochecer
desapareció al calor de un beso.
La luna, testigo de nuestro amor,
desapareció con el brillo de tus ojos,
el río enmudeció al oír
el latido de nuestro corazón
y el valle moría de envidia
por ser los dueños de la noche.
Tu corazón me atrapó
y no quiero escapar.
Con tu mano en mi pecho,
¿sentías latir mi corazón?
Son las palabras de amor por ti
que un pobre chico
no se atrevió a decir
y que hoy te digo
en forma de poema.

La vieja muralla nos miraba
como miró a otros
que ya pasaron por allí
y que como tú y yo
dejaron ver el amor.
La belleza que nos rodeaba
era solo un fondo
para los protagonistas
de esa mágica noche
y para tu hermosura.
El viento lentamente
ondeaba tu pelo
al compás del último beso.
La luna se reflejaba en tus ojos,
en tus labios, la sonrisa del amor,
y en tu corazón, mi corazón,
que ahora está atrapado
y no quiere escapar.

Y a la hora de partir
sonaba nuestra canción.
Momentos para pensar,
dolor en la separación,
algo en que creer,
alguien en quien pensar,
un corazón que amar.
De nuevo el tiempo
nos unirá otra vez
y, juntos, volver a sonreír,
mirarnos a los ojos
y volver a romper la fría noche
con un beso y el corazón.
Un día mi soledad
llamó a tu corazón
y tú me dejaste entrar.
Ahora estoy atrapado
y no quiero escapar.
(Entre marzo y julio de 1990)

X. ¿POR QUÉ LA NOCHE?

Sentado en el andén,
sigo esperándote.
Ha llegado tu tren,
pero tú no bajaste.
Despierto otra vez
del mismo sueño.
Amaneció de nuevo
sobre la ciudad,
y yo me lamento:
¡otro día normal!,
¡no hay nada especial!
El sol domina la ciudad,
comienza a calentar.
La ciudad está en marcha
y yo sigo pensando en ti.
Pasa el día,
el sol decae.
Sopla en la ciudad
la brisa del atardecer.
La luna asoma tímida,
como si quisiera jugar.
Se esconde el sol,
y la luna reina en la ciudad.
Siento la brisa
como tus caricias,
como una mano tuya
paseando por mi rostro.

Te veo un momento,
la brisa mecía tu pelo,
estábamos a la salida del pueblo
y la luna nos miraba sonriendo,
porque la noche
pertenece a los enamorados,
porque la noche
nos pertenece.
Esta noche
las luces de la ciudad
no dejan ver las estrellas,
pero la luna sigue en su sitio,
como el faro del puerto
guía los barcos en la noche.
La luna envuelve la noche
con su pálida luz y yo,
vagando por la ciudad,
sigo pensando en ti.
Tu recuerdo me llena.
Sonrío y no me doy cuenta.
La gente me mira,
no comprenden el amor.

Llego a casa,
sonaron las doce
y la luna sigue
dominando la noche,
y yo sigo pensando
en mi Cenicienta.
Poco a poco se duerme
la ciudad, y yo con ella.
Sueño contigo de nuevo
esperando que el sol
me acaricie al despertar,
esperando que pronto
seas tú quien me acaricie.
Hoy la noche se rindió
ante nosotros.
Vagando en la ciudad
he podido comprender
que hoy hubiera sido
un día normal
si no hubiera pensado en ti.
Me di cuenta
de que me acompañas
donde yo voy:
en mi corazón,
en mi mente,
tan dentro de mí
que formas parte de mi vida.
Sin ti mi vida estaría vacía.

Tu recuerdo me sostiene
y me ayuda a seguir mi camino.
Me despierto sobresaltado
en la madrugada:
he vuelto a soñar contigo.
Con el corazón lleno de ti,
guiado por el amor,
cojo un papel
y lo empiezo a llenar
de palabras de amor.
Otra noche pensando en ti,
porque la noche
pertenece a los enamorados,
porque la noche
nos pertenece.
Volverá el sol
a despertar la ciudad,
solo que esta vez
pude entender
que pensando en ti
cada momento
es mágico, especial,
porque es POR TI.

(18-12-89)

XI. CANCIÓN DE AMOR

Silvia, hoy me he mirado en tus ojos
y me he sentido seguro.
Volví a sentir que el amor
me llenaba y llamaba a mi puerta.
La abrí de par en par
y allí estabas tú,
linda princesa de ojos tiernos.
¡Hola, amor, te esperaba
como el aire fresco del alba!
Te dejé entrar
y fuiste directa al corazón.
No te puedo apartar de mi mente
y lucho por no intentarlo.
Volvió la ilusión
al calor de un corazón
que necesitaba el amor.
Cuando estás a mi lado,
te veo linda y natural,
y veo brillar tus ojos,
y no puedo dejar de mirarlos,
intentando desvelar
su inquietante misterio.

No sé cómo expresarte
esto que estoy sintiendo.
Tengo miedo de volver
a mi eterna condena,
las cadenas de la soledad.
Te dedico esta canción de amor
con la extraña sensación
de no saber qué me pasa,
pero con la seguridad
de que sé que me gustas.
Empezar una relación así
no es muy normal, lo sé,
pero creo que sería
la mejor forma de decir
esto que me está ocurriendo.
Me haría muy feliz
si sintieses esto que yo siento.
Si no es así, no digas nada,
sabré perderme de nuevo
dentro de mí mismo,
confiando en poder conservar
la amistad que ahora tenemos.

(6-6-92)

XII. CANTO A LIDIA

Apareciste entre la gente
con los ojos húmedos,
con el corazón asustado,
con timidez infantil.
Apareciste como el sol
tras las tormentas
para apaciguar
un corazón desesperado.
Solo quería verte reír
bajo la fría lluvia
que caía en tu corazón,
coger tus lágrimas
y cambiarlas por amor;
y la luz nació en tus labios,
iluminados por una sonrisa.

Por negra que sea la nube,
la lluvia siempre es blanca;
por cerrada que sea la noche,
siempre habrá estrellas.
En la fría noche
conseguí despejar
la densa niebla de tu mente
y abrirte el corazón.
Hay mil formas
de escribir poesía,
y esa noche, con sus ojos,
Lidia me escribió
una canción de amor.

(14-12-92)

XIII. PATRICIA

Esta noche salió Tristeza
de tu mano a pasear,
aunque tus ojos
no lo dejaban notar.
La fresca alegría
de tu brillante cristal,
y en tus labios,
una sonrisa natural
intentaban ocultar
lo que Frustración rompió,
un alma con fragilidad
y un tierno corazón.
No dejes a Desamor
tus alas cortar.
Deja que Tristeza
salga sola a pasear,
suelta tus alas
y ponte a volar
hasta donde Imaginación
te quiera llevar.

Tú eres el mundo
y todo girará
a tu alrededor.
Vida sigue su camino
y no se volverá a mirar
si vienes o no detrás.
Si la dejas pasar,
no volverá por ti.
Abre tus alas
y vuela, ¡¡vuela!!,
porque tú eres la vida
y el mundo girará
a tu alrededor.

(29-3-93)

XIV. LA BLANCA FLOR

Volvía como cada verano
a pasear mi soledad
con las estrellas
y entre ellas encontré
una blanca flor
de dulce mirar
y linda sonrisa,
con la cual pasear
cogidos de la mano,
sintiendo la ternura
de una noche más.
El día que marché,
ella vestía de rosa;
un paseo por el pueblo;
la despedida en el portal;
el último beso, el más dulce;
y el dolor de dos corazones
que se rompen en pedazos
cuando se han de separar.

Echo de menos
a mi blanca flor,
estrecharla en mis brazos
y susurrarle al oído
mil palabras de amor.
Recordando la última noche
que nos miramos a los ojos
y me sentí estremecer,
aún siento su mirada
llenando de lágrimas
mis tristes ojos.
Te noté entrar
en el fondo de mi alma
a través del azul
de tu tierno cristal,
y ahora, blanca flor,
no te quiero dejar marchar.

(23-9-1993)

XV. ROSA DE ESCOCIA

Una tarde de Escocia
sentado frente al mar,
escuchando su murmullo,
que me trae tu amor
a la memoria.
Una lágrima cae al suelo
mientras veo nubes pasar
igual que pasan mis recuerdos
de un verano enamorado.
Entre las nubes se abrió
un resquicio de luz,
como a mis recuerdos
vino la luz de tus ojos.
Cierro los míos y
te tengo a mi lado,
siento que tu respiración
enciende cada vez más
una llama de amor en mí.
Las tormentosas nubes
que esconden las montañas,
el mar que acaricia mis pies,
el frío viento de la tarde;
todo aquí me habla de ti.

¡Un beso nació
en aquella fría noche
y unas lágrimas caían
por nuestros rostros
mientras en el coche
sonaba una canción!
Las gaviotas despiertan
bruscamente mi sueño
y descubro mis ojos
llorando amargamente
y unas gotas de lluvia
que caen del resquicio de luz
como si tu llanto fuese.
No son sino agua de amor.
Llevaré nuestras lágrimas
por un mundo de felicidad,
fruto del amor que me has dado.

(23-9-1993)

XVI. HISTORIA DE UN CORAZÓN ROTO

En tus ojos asustados
hay tristeza
por un amor fracasado,
y en tu interior,
un corazón destrozado.
Ya no das para más,
no quieres volver a amar.
Tantas lágrimas brotadas
de tus ojos asustados,
no quieres volver a llorar.
Tu corazón es un muro,
a nadie dejas entrar.
Te hicieron mucho daño
y ahora tienes miedo.
Cierras los ojos
y no quieres descubrir
que hay chicos a tu alrededor
que llaman a tu corazón
y tú los rechazas acosada
por un fantasma del pasado.

Debes tener confianza.
Bueno, en esta historia
no hay un príncipe azul,
pero vendrá un chico, algún día,
con un corazón sincero
que devolverá la fe
a tus ojos asustados,
que enamorará
a tu pobre corazón;
vendrá el brillo a tus ojos,
a tus labios esa sonrisa
tan especial del amor,
y, cuando la mires,
la luna te sonreirá de nuevo.

(3-90 / 5-90)

XVII. CHICA DE OJOS DEL COLOR DEL MAR

Bella niña de ojos claros,
profundos, como el rayo de luz
que entra por la rendija de una ventana,
largo, casi sin final, pero
lleno de sombras a su alrededor;
ojos lejanos, como la luz que se ve
al final del oscuro túnel.
En tu cara una sonrisa,
y en tus ojos, una mirada perdida,
una sombra vacía que los inunda.
No dejes que las tinieblas
borren la luz de tu mirada,
abre la ventana de tu corazón
y deja que el sol ilumine
el pozo de tu cristal azul verdoso,
que desaparezcan las sombras
de los fantasmas del pasado.
Linda rosa de corazón tierno
y aroma embriagador,
la flor más bella del jardín,
no dejes que el jardinero
corte tu frágil tallo;
deja que sea un príncipe
el que admire como crece
tu hermosura con el día,
y que tu perfume le ate a ti
y así convertirte en la princesa
que soñaste cada madrugada.

Tu corazón se llenará
del aire limpio del amanecer,
y sabes que, al caer el sol,
la luna brillará en tus ojos,
que harán brotar la luz
en la fría noche.
Bella niña de ojos profundos
como el mar embravecido,
calma las aguas que rompen
en el acantilado de tu corazón,
la luz de tus ojos brillará en él
como el faro que guía al barco
a puerto los días de tormenta.
Deja que el faro de tu corazón
guíe tus pasos; no lo confundas
con ráfagas de oscuridad
que no se corresponden contigo.
Mientras haya amor en el mundo,
tú tendrás el amor que mereces.
Si mantienes tu esperanza,
verás la luz de tu ventana,
llegarás al final del túnel,
vendrá tu príncipe anhelado,
serás la dulce princesita de tu cuento,
calmarás las bravas olas del mar,
harás lucir el faro de tu corazón,
noche tras noche, eternamente.

(24-3-1992)

XVIII. DÍAS DE ROSAS Y MAR

Encontrar un amor
no es nada fácil,
ni siquiera para ti,
chica de ojos brillantes,
ardientes como el fuego.
El amor es como una rosa;
una rosa sin espinas
nunca sería amor
y el amor sin dificultad
no serían rosas rojas,
rosas de amor
para unos ojos brillantes,
ardientes como el fuego.

Niña de piel suave
como pétalos de rosa,
chica de corazón tierno
como corazón de rosa,
princesa de mente confusa
como la densa bruma
en el amanecer de la mar,
de fresca sonrisa
como el aire limpio
en aquel lánguido despertar.
Conseguiste quitar
las espinas del amor
que se clavaron
en tu tierno corazón
en días de rosas y mar.
Chica de ojos brillantes,
ardientes como el fuego,
coge solo del amor
la rosa, pues
las espinas hacen llorar.

(6-7-92 / 1-9-92)

XIX. CASTILLA

Castilla es cariñosa y buena,
como una madre o una novia,
profunda y extraña
como los bellos ojos de una mujer.
Castilla noble y sana,
Como sus montañas
Castilla fría y húmeda
de crudo invierno.
Castilla cálida y seca
de duro infierno.
Castilla histórica y señorial,
otrora rica y poderosa,
hoy pobre, desangelada.
Castilla siempre rebelde,
por sus venas
corre sangre de justicia.
Castilla pura y sincera,
como un corazón enamorado.
En ti nace la historia.
Castilla recia y fuerte
como los brazos
de sus labradores,
templada al fuego
como las rejas del arado
que corta sus campos.
Sus trigos, el sol de Castilla.

Los ríos, tranquilos
en su caminar,
acarician Castilla.
Grande es Castilla.
Tierra de conquistadores,
forjada con sudor,
con guerras por justicia.
Sangre del Cid,
vencedor de tus batallas.
Sangre de comuneros,
luchadores en desgracia,
que abatidos sin razón
aún claman justicia.
Castilla al sol
del atardecer,
bella y tranquila.
Castilla de noche,
sumisa y romántica,
como un poema
por Machado escrito.
Castilla, el sudor
por ti vertido
no ha caído en el vacío.
Se recogen los frutos
en tus habitantes,
en los que dejas tus virtudes.
De buena siembra
es un castellano.

(22-2-90)

33

XX. AMIGOS

«Oye, Daniel,
si tuvieras que escoger,
¿qué te quedarías
de cada amigo tuyo?».
«De cada amigo mío
ya tengo lo esencial,
que es la presencia
en mi corazón
de su corazón,
porque en él se encuentra
todo lo bueno de ellos.
Igual que una rosa
por sí misma
significa muchas cosas,
el corazón de un amigo
significa mucho
para los que lo aprecian
y lo dice todo de él.
No busques la belleza
en un espejo,
búscala en un corazón».

(7-12-90)

XXI. SUEÑOS TRISTES DE PRINCESA

Tenías el amor
en tus manos
y lo dejaste escapar.
Tenías la luna
a tus pies
y la dejaste levantar.
Me tenías atrapado
en tu corazón
y me dejaste escapar.
Querías ser princesa
en tu mundo soñado,
querías volar más allá
de donde se puede volar.
Querías que todo
girara a tu alrededor,
no dejabas de soñar.
Querías algo especial,
te quedaste a esperarlo
y dejaste la vida pasar.
Hoy todo eso pasó
y ves la realidad,
pero ha pasado tu tren
y te quedaste sola
en la estación.
Mientras afuera
llueve con indiferencia,
una tormenta cae
sobre los sueños rotos
de la solitaria princesa.

Miras a la luna
con tristeza y
te das cuenta
de que no volverás nunca
a tenerla ante ti.
Miras atrás
y te das cuenta
de que el amor no volverá
a brillar por ti.
Estás sola en la estación
y sin ganas de volver,
llorando tu soledad.
Me viste aparecer
saliendo de la lluvia.
Te estuve esperando
todo este tiempo
para hacerte comprender
que los sueños de princesas
son solo momentos
que luego se desvanecen
en la niebla del olvido,
igual que desapareceré yo
otra vez tras la lluvia
de la estación, de tu estación.

(7-12-90)

XXII. CIUDAD RODRIGO

Ciudad Rodrigo,
¡cuánta historia
vivieron tus recias murallas!
¡Cuántas guerras!
¡Cuántos cambios!
Tu cuna fue celta,
tu bautizo medieval,
tu historia de guerra
entre Castilla y Portugal,
entre España y Francia.
Siempre fuerte y resistente
en tus asedios y fatigas,
victoriosa finalmente,
Miróbriga gloriosa.
Hoy solo eres historia
y ves a los enamorados
pasear por tus murallas
en tus noches serenas
de cada primavera.
Ves pasar el río
de agua despaciosa
y en silencio,
desde lo alto de tu colina,
que te da esa altivez
respetuosa y señorial,
y casi magnífica
en las noches de luna llena.

Miróbriga gloriosa,
ayer mitos y leyendas,
hoy placidez y recuerdos,
nostalgia señorial,
forja de historia,
de gente recia y fuerte,
sencilla y buena.
Miróbriga gloriosa
por siempre,
orgullo de un pueblo
que en tus raíces
ve las suyas propias.
Orgullo del viajero,
que hace de tu historia
un lugar para descansar.
¡Ciudad Rodrigo,
cuánta historia
por tus venas de piedra!
(7-12-90)

XXIII. ¿DÓNDE ESTÁ EL AMOR?

«Siéntate en la muralla,
dame tus manos,
mira hacia el río,
dime, ¿qué ves?».
«Solo tranquilidad,
la paz del corazón».
«Ahora cierra los ojos,
dime, ¿qué oyes?».
«El rumor del agua
que besa la orilla
y cae por la pendiente.
Oigo también mi corazón
como salta sin freno,
fuerte, sin control.
También tu corazón
con un ritmo pausado,
intentando salir
como una explosión».
«Pon tu mano en mi pecho
y dime, ¿qué sientes?».
«Siento un sudor frío
que me corre por la espalda
y me llega al corazón.

Nuestros corazones
siento que se coordinan
golpe con golpe,
y siento como el sudor
llega a mis manos
y que las palabras
se me agolpan,
no salen de mis labios».
«Dulce niña,
ves, oyes y sientes el amor
tal y como yo
lo veo, oigo y siento.
El amor está, pues,
en nuestro corazón,
esperando a salir
cuando otro amor lo llama,
como hoy nuestros amores
vieron, oyeron y sintieron
el silencio del amor».

(20-7-1993)

XXIV. EL TIEMPO PASARÁ

La tenue luz rosada
de las recién encendidas
farolas del parque
y la suave lluvia,
que cae monótona,
marcan el principio
de una fría noche.
Llega el tierno olor
que sube de las hojas
caídas en el suelo.
La hierba recién cortada,
el olor a tierra húmeda
y la lluvia sobre la cara
embriagan el alma.
Con los ojos en el pasado,
paseando por la avenida,
el resbaladizo empedrado
y los charcos cristalinos
nos muestran el presente

y nos hacen recordar
que el pasado no es olvido,
que el olvido no es posible,
que lo posible ya ha pasado,
volver al pasado es imposible
y el pasado en el presente
es del todo incompatible.
El tiempo pasará,
sonará nuestra canción,
nuestros labios sonreirán
y una lágrima caerá
para hacernos despertar
en el parque,
con su tenue luz rosada
y la suave lluvia caída,
igual que el tiempo cae
en nuestra fría noche.

(23-7-1993)

XXV. EL SUEÑO ESCOCÉS

El misterio se extiende
por las tierras altas.
La niebla cubre
la oscura agua del lago.
Un ejército de fantasmas
cabalga libre
por la alfombra
verde y malva
de las colinas de Escocia,
como cabalga el viento
sin que nadie
le diga a dónde ir,
qué banderas ondear,
qué mar desordenar,
qué prados peinar.
Supervivientes del tiempo,
mitos de viejas batallas,
espíritus enamorados
de las tierras altas,
cautivos de los acantilados,
habitantes de ruinas
de los viejos castillos
de gloriosos clanes.
El sueño escocés
me lleva hasta la orilla
de un mar calmado

y me hace sentir
un extraño sosiego,
una paz interior
que no me deja pensar.
Pasan las horas
y la lluvia despierta
mi letargo profundo
y me recuerda
que la fría noche llega,
como a mi lado el mar
se acerca con la marea.
Quién fuera libre,
libre como el viento,
y cabalgar tus colinas,
tus lagos, tus montañas;
ceñir acantilados;
navegar tus islas;
peinar tus prados;
ondear mil banderas,
y tranquilo pasear
por tus castillos,
sentir el misterio
que envuelve las Highlands
y empujar suavemente
la niebla que cubre
las tierras de Escocia.

(25-9-1993)

XXVI. EL RAYO DE ESPERANZA

El sol caía
en las montañas
y teñía el pantano
de malva y plata
en su atardecer dorado.
Las dulces olas
llegaban a nuestros pies
y el monótono sonido
al romper en la orilla
acunaba nuestras mentes.
El suave aire
que corría a nuestra espalda
se llevaba el pensamiento
hacia el pasado.

Mientras, leíamos poesías,
y malva y plata oscurecían
y las estrellas nos decían
que la noche no esperaba,
como no espera la vida
y oscurece la esperanza.
Pero tras cada anochecer
el sol vendrá
y nos dirá que amaneció
un nuevo día, y con él
un rayo de esperanza
que alentará nuestras vidas
y nos ayudará a continuar
mientras grita que el sol
volverá a salir
para nosotros
cada amanecer.

(11-10-93)

XXVII. MI PRINCESA SOÑADA

Te iré a buscar
allá donde salga el sol.
Y cuando venga
a mi encuentro la luna
con su séquito de estrellas,
soñaré que es mi princesa
la que me vino a encontrar.
Al despertar,
seguiré mi camino,
sin cesar,
en andar continuo
hasta no poder más
y caer rendido
tras el sol escondido,
y esperar que la luna
salga a mi encuentro
y cambiar mi destino.

Y despertar
con el rocío en mis labios
como beso fresco del alba,
y volver al camino
con el sol encendido
tras el dulce sueño
que me quiso esperar.
Mientras existan
el sol y la luna,
seré un peregrino
que te busca en su caminar.
Y mientras alumbren al mundo
el sol y la luna,
tendré la esperanza
de poderte alcanzar,
mi princesa soñada,
que me sale al encuentro
cada anochecer
y que me abandona
cada madrugada.

(17-8-92)

XXVIII. RECORDANDO SEIS AÑOS ATRÁS

Hoy miraba por la ventana
y me puse a recordar
los momentos pasados
de unos años más felices.
Empecé a sentir en mis labios
el calor del primer beso,
me saltó el corazón
con el primer amor,
el olor a humanidad,
letrina, ropa sucia
y el almizcle del cuartel.
Todos hoy bellos recuerdos
de buenos tiempos vividos.
Hoy sentí crujir el corazón
con el primer desamor.
Estaba pasando mi vida
con cada gota de lluvia caída.
Volví a sentir el amor
con la luna llena conseguido,
su sabor a carmín,
los paseos con su frío,
el corazón en la garganta,
las manos sudorosas,
los ojos en ella fijos.
Todos hoy bellos recuerdos
de buenos tiempos vividos.

Estuve escuchando
mis canciones de amor
y cada una de ellas
me nubló la mirada.
Estuve recordando
mis momentos perdidos,
mis amores frustrados,
los corazones separados,
sentimientos enamorados.
Aquellos fueron
mejores tiempos:
lindas chicas,
dulces besos,
rosas rojas,
corazones rotos.
Todos hoy bellos recuerdos
de buenos tiempos vividos.
Con las últimas gotas
de lluvia tras el cristal,
me llegó el amargo dolor
que se siente en el olvido,
y desde entonces no vivo,
hoy solo recuerdo
los buenos tiempos perdidos.

(31-12-92)

XXIX. EL SUEÑO DEL LOBO

El arroyo corría libre
saltando entre las rocas,
acariciando las orillas
y acunando la tarde
con su leve susurro.
Cuando llega al claro,
encuentra al lobo solitario
que cada atardecer
llega entre las brumas
para ver caer la noche.
Madre luna se deja ver
y el lobo solitario
rompe el silencio
con un suave llanto.
Llora tristes aullidos
a la blanca luna
que le miraba,
imperturbable, serena,
siempre altiva,
sol de plata y raso blanco
que nos deslumbra
en cada atardecer.

El sol de la noche
vuelve a esconderse
entre nocturnos algodones.
Sus lágrimas se ahogaron
en el dulce arroyo
mientras levantó sus ojos
brillantes y encendidos,
encarando a la luna.
Sus ojos me miraron
por un momento
y me noté estremecer,
despertando del sueño
y descubriendo que era yo
ese lobo solitario
que al caer la noche
llora entre las brumas
su pena a madre luna
mientras ella le mira
con su blanca sonrisa,
rodeada de estrellas,
haciendo sentir al lobo
su eterna soledad.

(20-7-93)

XXX. NADA SERÁ IGUAL

Volvió esta noche
a aullar el lobo solitario.
Su sombra cabalgó
por las montañas.
Sus lágrimas llovían
de sus ojos encendidos,
recordando otras lluvias
de momentos más felices,
cuando era el lobo
un humano enamorado
y abrió su corazón
para dejarse encantar,
y tú, no contenta con entrar,
con él te quedaste.
Ahora lo devuelves
con el mismo silencio
con que fue robado.
Un corazón enamorado
por un desamor destrozado.

Comparte el lobo
soledad con madre luna,
viviendo en sí mismo,
dejando la lluvia caer
por su rostro
como frías lágrimas,
igual que frío es
el beso que la noche da.
Triste consuelo despertar
para el lobo solitario,
sabiendo que mañana
nada será igual.
No será el mismo sol
el que ilumine su despertar,
ni la luna sonreirá,
el frío de la noche
correrá por su espalda,
revivirán las brumas del pasado
un sentimiento enamorado
y le recordarán que mañana
ya nada será igual.

(10-12-1993)

XXXI. PRINCESA
(Poema de una desesperación)

La luna se nos escapó
como el agua entre los dedos.
Sé que el amor no se escurrió
de entre los lazos del corazón,
pero no puede haber dudas
entre nosotros dos.
De nuevo hemos vuelto a perder
lo que tanto nos costó encontrar.
No fue fácil la primera vez
y, al encontrarte de nuevo,
creí ver la luz al final del túnel
y, al salir del túnel, pude ver
que corríamos en la misma dirección.
Pero pasó el tiempo y
caímos de nuevo en el túnel
y, al salir de él,
nuestras vías se separaron y
tomamos caminos distintos,
otra vez, como cada vez.

Caíste presa de ti misma
y no quisiste liberarte.
Quise ser un héroe para ayudarte,
y solo conseguiste alzar
un castillo a tu alrededor
que ningún guerrero podría conquistar,
me derrotaste sin quererlo.
Y tú, la princesa del castillo,
fuiste prisionera de ti misma,
te pusiste tus cadenas
y te condenaste al olvido.
Pero te olvidaste del guerrero
que estaba frente a tu muralla
y que tenías preso en el corazón,
y cuando te acordaste de él,
le encadenaste a la libertad,
abandonando el campo de lucha.
Pero él sabe que sigue siendo
el prisionero de tu corazón.

(10-10-92)

XXXII. DESAMOR

¿Qué fue de los besos robados
a nuestro pobre corazón?
Se perdieron
otra vez en el vacío.
Perdido en la niebla,
atrapado en una
oscura nube,
víctima del desamor,
hoy todo acabó.
¿Qué fue del amor
que tanto prometimos?
Se perdió
otra vez en el vacío.
Bebiendo en cualquier bar,
oyendo nuestra canción,
recordando buenos tiempos,
pensando en nuestro amor.
Hoy todo terminó.

¿Qué fue del tiempo
perdido con palabras?
Se perdió
otra vez en el vacío.
¡Si una palabra
pudiera cambiar
lo que nunca cambiará!
¡Si esa palabra
pudiera calmar
lo que nunca calmará!
Hoy mi corazón se rompió.
¿Qué fue de las palabras
de amor que tanto nos dijimos?
Hoy cayeron
otra vez en el vacío.

Siempre soñé
pasear contigo de la mano,
sonreír y sentirte a mi lado,
con mirarte a los ojos
y ser el chico más afortunado.
¿Qué fue de este sueño?
Se ha perdido
otra vez en el vacío.
Nunca creí sentirme
como hoy me he sentido,
tan solo y triste.
Tus palabras me han herido,
mi pobre corazón
lo has roto en mil pedazos.
¿Qué fue de tus lágrimas
por amor lloradas?

Se perderán
otra vez en el vacío.
Tan bonito como fue
mientras el amor
nos sostuvo,
tan amargo que se hace
romper con tanto tiempo
y tanto amor como hubo.
No más poemas de amor,
hoy todo terminó.
¿Qué fue de mis poemas
por amor escritos?
Todo se perdió
otra vez en el vacío.

(22-2-90)

XXXIII. ROMA, 3 DE ENERO DE 1992

EL FINAL DEL CUENTO

Me enfrento a un futuro sin ti.
Miro hacia delante
y me pierdo en la fría niebla
de un olvido imposible,
de un recuerdo imborrable,
de un amor inolvidable,
de un miedo constante,
de una chica indescifrable
por un momento y, al rato, adorable.
Nunca sabré comprenderte,
porque, cuando creo entenderte,
lo desentiendes;
si intento entender el desentendimiento,
lo confundes;
cuando estoy confundido,
lo rompes;
cuando está roto, lo encajas;
para después volverte a entender.
Abriste la caja de tus esencias
y me embriagaste
con el dulce aroma del amor,
para luego desatar más tarde
los vientos que confundían
el amor y entendimiento
en desamor y confusión,

para luego encerrar esos vientos,
hacer volver la brisa enamorada;
y cuando mejor y más dulce
notaba la brisa en mi soledad,
arrancaste la tapa de la caja
y volvieron huracanes
que terminaron de arrasar
con la ilusión que, de nuevo,
habíamos comenzado.
Cuando aquel verano,
perdido en mí mismo,
te encontré a ti,
llenaste mi vida de aire fresco.
La fuerza del destino
me llevó hasta ti,
nos unió en el amor,
hasta que decidiste
que la distancia era cruel,
y tú fuiste peor que la distancia.
Pasado el tiempo,
convertiste el error en dicha y
la fuerza del destino
nos hizo repetir,
para luego ser desdicha;
la desdicha, una espera;
la espera, desesperación;
y la desesperación, desamor.

(3-1-92)

XXXIV. DOLOR Y AMOR

Creí tener algo
y nada tuve.
Perdí lo que tenía
y creí perderlo todo,
cuando al fin
me di cuenta
de que nada tenía
y ahora nada tengo,
y de que nada perdía.
Creí tener amor
y solo tuve
del amor sus lágrimas.
Creí tener dolor
y solo rabia tuve,
y sus lágrimas brotaron.
Hice, pues, de amor y dolor
iguales sentimientos.

Yo creí en un corazón
que en el mío se fundía,
y al fin me desengañó
de aquello que creía.
Creí tener razón
y, por no tener,
no tenía vida.
Creí tener la vida
y la vida se me iba.
Creí tenerlo todo,
pero nada tenía.

(9-12-1993)

XXXV. DESEOS

Quisiera estirar la mano
y poder coger una estrella
como si fuera fruta madura,
fruta de mi amor por ella.
Quisiera tener la voz fuerte
y entonar poderoso canto
y anunciar al mundo
que la quiero, ¡la quiero tanto!
Quisiera tener la voz suave
y poder susurrarle un bolero
para así enamorarla
diciéndole cuánto la quiero.
Quisiera ser dulce
y cantarle una nana
y con ella dormirme
para despertar cada mañana.
Quisiera ser faro de puerto
que guía la barca perdida.
Así estaba su alma
por mil rocas herida.
Quisiera ser una barca
que viaja a la deriva,
pues ella es el mar.
Que mi estela dirija.

Quisiera ser su corazón
y en ella latir cada día,
pues ella es mi razón,
razón de vivir, es mi vida.
Quisiera ser páramo
y que me despierte su rocío,
pues ella será la mañana
que nunca dará un beso frío.
Quisiera ser un poeta
y escribir mil poesías
para la musa más bella
que mi pluma guía.
Quisiera ser rey
y poder ofrecerle mi reino,
pero solo puedo darle
mi corazón, un corazón tierno.
Quisiera no ser ya un lobo
que llore su soledad a la luna,
pues ella cambió mi vida
de amores sin fortuna.
Quisiera ser lo que quiera,
vivir eterna vida
y nunca perderte, mi vida,
viviendo en ti, vida mía.

(3-12-94)

53

XXXVI. REGALO DE AMOR

Llegará el aniversario
y no te regalaré flores,
pues, si hoy son tierna
representación de amor,
mañana su frescura
se irá debilitando
y, poco a poco,
sus pétalos oscuros
irán cayendo de la flor
como hoja que arrastra
el viento otoñal,
preludio del frío invierno.
Y no es el invierno
la imagen del amor,
pues esa imagen
ha de ser continua,
ha de ser duradera,
como un poema de amor,
que, cuanto más se lee,
más llena de alegría.
Mi alegría consiste
en poemarte mi amor
y hacer que así perdure
en nuestro corazón
un amor inmarchitable.

(15-11-95)

XXXVII. CUENTO DEL CASTILLO Y LA YEDRA

Hubo una vez un castillo
de vetusta y recia altivez.
Mil veces fue conquistado
y otras tantas abandonado.
Hoy tiene cerradas sus puertas.
Pasa la vida a su alrededor,
contemplan su fortaleza,
pero desconocen su interior,
pues muchas veces lo vieron
y otras tantas lo destruyeron.
Harto del continuo desdén,
sus oscuros muros lo protegen.
Hoy, escalando por sus piedras,
crece, saltando entre juegos,
una abandonada yedra.
Poco a poco fue llenando
las grietas de los muros
y escalando, tranquila,
fue cambiando el aspecto
del castillo, que, preocupado
en no abrir las puertas,
se olvidó de las ventanas,

que aunque estrechas y elevadas
en sus muros, la verde yedra
las alcanzó, entrando sosegada,
y cuando quiso darse cuenta,
el castillo y la yedra
eran ya uno solo.
El castillo fortalece con el tiempo
y la yedra más penetra en él,
enraizados más cada vez.
Ambos verán pasar la gente
y nadie destruirá la dualidad
de estas sus almas,
tan diferentes, tan iguales,
que se buscan en el tiempo.
Nadie podrá arrancar
las raíces de la yedra,
pues él sobre ellas
derrumbó un muro.
No podrán ya romper
lo que el destino unió,
pues el tiempo los hará
aún más fuertes.

(20-3-97)

XXXVIII. AMANECER

Cada amanecer
veo despertar al sol.
Con su luz cegadora
pinta perezoso
la luz de un nuevo día.
Unas lágrimas pasan
rápido por mis recuerdos,
como cada amanecer,
endureciendo el alma
de un lobo solitario.
Me hago mil preguntas
sobre el pasado
y Zimmerman canta
sus respuestas en el viento.
Mi vida está marcada
por cartas inconclusas,
perdidas en el tiempo
o abortadas por las manos
de una chica indecisa.
Esperas eternas,
esperanzas rotas,
tristes momentos
que volaron en el tiempo
igual que pasa el día;
pero que nunca se olvidan.

XXXIX. ATARDECER

Cada atardecer
veo caer al sol.
Una canícula vespertina
impide ver el horizonte,
emborrona el futuro.
Veo como las nubes
cambian poco a poco
su pálido color,
toman fuerza de repente
y estallan en vivos tonos,
para pasar en un momento
al oscuro manto de la noche,
que promete ser larga,
como cada fin de semana.
En ella pasan los amores
que se fueron con el viento.
Mil versos unidos en poemas,
mil sentimientos
perdidos en la noche.

XL. ANOCHECER

Cada anochecer
oigo a la luna llamarme.
Ya volviendo a casa,
paso por un río
del que se levanta
una tímida bruma
que me traslada
a otras tierras donde,
no hace mucho,
toqué la felicidad.
Compartí el sueño
de una linda niña
de ojos claros
que una vez me regaló
una rosa de cristal,
que un día contemplaremos
sentados al calor
de una chimenea;

y en sus pétalos eternos
jugará el arco iris,
oiremos crepitar el fuego
y volveremos en el tiempo
al verano del 93.
Vana ilusión,
pues amanecerá de nuevo,
vendrá la realidad
y otra vez con la mañana
morirán los sueños.

(15-2-94)

XII. EL CAMPO DE BATALLA

Donde corrían los arroyos,
ayer se tiñeron de sangre.
Donde crecía la hierba,
yacen cuerpos sin vida.
En tierra de lobos
alguien alzó una cruz
donde el jefe del clan
clavó su espada
perdida la batalla.
Los soldados muertos
abonarán los campos.
La constante lluvia
limpiará la sangre
de las Tierras Altas,
hará crecer la semilla
y engordar al ganado
que alimentará al hombre.

Volverá el lobo
a buscar su alimento
y a beber en el río.
Al despuntar el alba,
huirá a las montañas,
donde fue mudo testigo
de la fratricida lucha
de la avaricia del hombre.
Aullará a los vientos
pregonando el recuerdo
del campo de batalla,
augurando otra matanza,
pues el perdedor ha vuelto
para vengar sus ideales.
Matanza que ni siquiera
unos lobos hambrientos
serían capaces de cometer,
la matanza de los de su raza.

(15-10-95)

XLII. TRISTEZA

Una frase se perdió
en un silencio.
Un beso se ahogó
en sus labios.
Unas lágrimas se secaron
antes de ser nacidas.
Unos corazones se separaron
antes de ser juntados.
Un amor sincero y tierno
que ha sido abortado.
Dos vidas disyuntivas
que se alejan sin ser cruzadas.
Dos estúpidas tristezas
crecen sin ser calmadas.
Ese silencio será eterno,
solo por dos palabras:
TE QUIERO.

(22-12-95)

XLIII. DUDAS

El abismo se abre
ante tus ojos.
Un muro encierra
a tu corazón.
El fantasma de ayer
se presenta ante ti,
día tras día,
recordándote que fuiste feliz,
pero que no volverán
los días rosas.
Buscas ese fantasma
en cada hombre
que pasa por tu vida.

Pero sabes
que el fantasma ha muerto
y no volverás a encontrarlo,
ni los días rosas,
pero sí los días grises,
esos que las lágrimas
no dejan ver
a quien tienes al lado.
Buscas la belleza del espejo,
pero el espejo es frágil,
como un corazón enamorado.
Si buscas la belleza del corazón,
descubrirás la fuerza del amor,
esa fuerza que necesitas
para volver a los días rosas,
olvidar los días grises
y sus lágrimas desperdiciadas.

(14-3-96)

XLIV. SIN PERDÓN

Cualquier lágrima
que derrames por mí
será en vano.
Cada recuerdo que tengas
será para ti un castigo.
Cada perdón que pronuncies
será inútil,
pues el daño infligido
fue mayor que
cualquier remordimiento
que ahora te invada.
El tiempo de redención
expiró al saber tu pecado
y, aunque quizá mi perdón
aumentase tu miseria,
prefiero guardarlo,
pues hay tiempo
siempre de otorgarlo,
y entre tanto
tú te irás consumiendo,
y mientras cierra mi herida,
tu llaga seguirá supurando.

(9-2-97)

XLV. MAGIA ES LA POESÍA

Magia divina es el poema,
que aun urdido entre tinieblas
será el día o la noche del poeta,
verá luz o verá sombras
si no fue tejido con mano prieta,
pues la duda nunca sembró cosechas.
Galeote penitente es el poeta
y sus cadenas son las poesías.
Siempre atado a la banqueta,
y aun sin remar en varios días,
el remo acabará en la arqueta
luchando contra la mar bravía.
Lágrimas o gozos son los versos,
pues son el alma del autor,
que en momentos caprichosos
la vida le enciende el motor,
y versos tristes o armoniosos
de su ánimo serán delator.

XLVI. VERSO LIBRE

No habrá preso más encadenado
en mis manos que un verso
por reglas condenado.
Mi mente fluye libre,
y así correrán las palabras
en el blanco papel,
como un tormentoso río
hasta el mar de las miradas.

(1-97)

XLVII. ORACIÓN POR UN SEGADOR

El campo de Salamanca
le dio la vida,
ese mismo campo
que trabajó toda esa vida.
Vivió con el nombre
de una niña de cuento
de un país de maravillas,
hasta en eso eras diferente.
En la mili aprendiste
todo lo que un día
enseñaste a tus nietos,
afán de aprender
que gastó tu vista
y por poco casi tu vida.
Una estúpida guerra
hizo dos Españas,
te arrancó de tus campos
y te obligó a combatir
contra otros ignorantes
que, como a ti,
maldita gracia fue
matar por antojo de otros.

En el frente de Asturias
alguien te segó un dedo;
el segador volvía a casa.
Todas las primaveras
veías como crecía
el verde mar de Castilla.
El tiempo y el sol
iban secando ese verde
hasta convertirlo en oro,
ese precioso metal
que, viendo llegar el verano,
segabas a destajo.
Mientras el sol
te iba curtiendo la piel,
el mar, desagradecido,
asperaba tus manos
y encorvaba tu recia espalda.
Terminando los veranos,
mareabas las parvas
con la yunta
para sacar el fruto del mar,
el pan de cada día.

Llegaba el otoño
y veías como las gentes
dejaban sus familias,
cruzaban la frontera
y vendimiaban sin descanso
por sacar cuatro perras
mientras tú renegabas
de la vez que dejaste el hogar.
Todos los inviernos,
los montes de Salamanca
elevaban al cielo sus tributos.
Columnas de humo
anunciaban una carbonera
y unos leñadores
que cobraban su pena
a la dura encina,
el emblema de esta tierra.
Así pasaron los años,
cuidando de tus hijos,
tus campos, tus animales.

¡Quién diría
que en el invierno de tu vida
vendrías a la capital!
Aquí estuviste muchos años,
también viste crecer la ciudad.
Tu propia sangre te traicionó
y te hizo perder esa voz,
que siempre se recordó
por su sabiduría.
Más tarde,
la inocencia infantil
y la curiosidad de David
te la devolvieron
para gloria de todos.
Le recuerdo como
un hombre alto, recio
y algo encorvado.
Pelo rizado y cano
que escondía tras la boina,
de la que siempre
se escapaba el flequillo.

Con pesada chaqueta,
zapatos negros impolutos,
liaba la cartera
con una goma elástica,
como intentando retener
los costosos ahorros
que tanto trabajó.
Ese hombre que recuerdo
me llevaba al colegio
con mi hermano cada día,
nos compraba un bollo
y nos esperaba al salir de clase.
Se encontraban en su casa
las novelas del Oeste
y paquetes de tabaco
que fumaba a escondidas.
Ayudaba a la abuela
en las tareas de casa
y hacía la compra a diario.
Por las tardes iba al Club
a echar la partida.

Ese hombre que nos enseñó
nuestras primeras matemáticas,
nuestras primeras letras,
que nos contaba batallitas,
que nos hacía *judiás*,
ese hombre
nos dejó un 8 de abril,
apenas los campos
dejaban asomar el trigo,
riqueza y pobreza de Castilla.
Solo nos dejó su cuerpo,
pues su recuerdo está vivo
en cada uno de nosotros,
que es la mejor forma
de seguir viviendo.
Descansa, Alicio, en paz,
pues tu vida ahora
continuará en nosotros.

(27-3-95)

XLVIII. EL TIMONEL

¿Fue azar o destino
quien a ti me mostró?
¿Quién indicó el camino
que hasta ti me llevó?
No el azar,
que, aunque no esquivo,
tampoco está por regalar.
Ambos en equilibrio
nos mantenemos a la par:
«Yo no tiento a la suerte,
y a la puerta, al tiempo,
vendrá ella a llamar».
Destino fue, entonces,
quien, de forma cabal,
me puso en aquel lugar,
pues hacía algún tiempo
perdí cierta fe,
que, encontrándote,
en mí volvió a nacer.
Tú representas la paz,
das ejemplo de lucha.

De ambos espíritus
cada alma que tocas
vas ungiendo.
Hay quien sabrá verlo
y quien no querrá saber,
por egoísmo o miedo.
Yo lo he visto,
y ya una vez
perdí el norte.
Ahora que mi astrolabio
me dio la dimensión
del corazón divino,
no quiero cambiar de rumbo.
Ahora, tan cerca del Unigénito.

(27-6-96)

XLIX. EL ÚLTIMO ALIENTO DE UN VALIENTE

No vine a esta guerra
por ser consecuente.
Ni maté a hombres
por hacerme el valiente.
Me dijeron que estaba
defendiendo a mi gente,
pero con un fusil en la mano
me creo un demente.
Lo arrojo con fuerza
y me alejo del frente.
Alguien me detiene,
golpean al disidente.
Me juzgan, soy un cobarde,
no deben ser clementes.
Estoy en el paredón.
El pelotón mira indiferente.
El silencio es eterno
hasta que llega el teniente.

Me vendan los ojos,
tengo miedo un instante.
Siento el frío aliento
que exhala la muerte.
La vida, como un relámpago,
cruza por mi mente:
ningún fallo importante
que justifique mi suerte.
Todos mis sueños
rotos de repente,
aquello que no hice
y quedará pendiente.
Apenas llegué a la vida
y ya me hacen ausente.

(30-10-95)

I. VELATORIO EN CASTILLA

Las viejas, reunidas
en torno al fuego,
hilvanan recuerdos del muerto.
De cuando en cuando
se hace el silencio.
Un reloj rompe la monotonía
y todos lo miran
como a un hereje
al que no pueden condenar.
Vuelven las viejas
a hablar de los que quedan
y lo que tardarán en caer.
Todos ignoran
a la vieja que habla
más de lo que cree saber,
reafirmándose así su ignorancia.

Asienten con la cabeza
dando la razón,
como se hace con los niños.
Vuelve el turno del silencio
y el reloj sigue diciendo
que el tiempo no se para.
La más anciana
filosofa sobre la vida
y sentencia entre suspiros
que todo tiene solución
salvo la muerte.

(4-2-96)

LI. REFLEXIÓN ANTE LA MUERTE

A la muerte del padre
de unos amigos
escribió el poeta:
«Tristes quedan los marineros,
viendo desde el puerto
como zarpa su barco
destino a un naufragio seguro:
"Nos dejó para siempre,
nunca más entre nosotros.
Quedamos con el corazón triste,
con lágrimas en los ojos"».
¿Quién nos dijo que estos
versos fueran ciertos?
¿Qué decreto nos obliga
a pensar que, una vez idos,
no perduremos?
Aquí quedaron enseñanzas,
aquí quedaron amigos,
aquí dejamos enemigos,
aquí amamos y fuimos amados.
Aquí quedaron nuestros años,
muchos o pocos,
intensos o aburridos.

Aquí quedó nuestra huella,
indeleble en los corazones
de aquellos que nos amaron.
Mientras quede esa huella,
aquí permaneceremos;
mientras alguien nos recuerde,
aquí viviremos;
mientras sigan nuestros consejos,
buenos o malos,
nosotros aquí estaremos;
mientras seamos amados,
aquí amaremos;
mientras tú quieras,
aquí estaremos,
pues aquí nos conocimos,
y quizá nuestro amor
nos reunirá de nuevo,
algún día, pues mi estado
es temporal solamente.

(19-9-97)

LII. RESPUESTAS, RESPUESTAS

Si tinieblas son tu mente,
si murallas son tus dudas,
si pozos tus problemas,
no mires alrededor
para buscar tus respuestas,
pues no las encontrarás.
Cierra los ojos,
mira hacia dentro.
Solo allí encontrarás
lo que deseabas saber.
Todos tendrán respuestas
a tus preguntas, sus respuestas.
Pero las válidas
solo en ti las encontrarás.
Podrán no ser acertadas
y su trascendencia
afectar el futuro,
pero serán tus respuestas.
Mas nunca olvides
a tus amigos, que,
aunque no tengan respuestas,
facilitarán la paz
que necesitas para encontrarlas
y llenarán tu corazón
para encontrar tus respuestas.

(23-12-97)

LIII. MANOS BLANCAS

Dejad los trillos en los campos,
dejad las yuntas y sus carros.
Abandonad las siembras,
que las redes enmohezcan
en los abandonados barcos.
Que no se icen las velas,
repose el martillo en su yunque
y se enfríe el fuego de la fragua.
Salid de los pozos de la mina;
dejad fábricas, tiendas y oficinas.
«¡Revolución!», grita el pueblo.
Salid todos a la calle,
levantad las manos, manos blancas,
pues el terror ha golpeado.
Plegarias con manos blancas
mirando al tormentoso cielo,
que la paz reine en el aire,
que corra la paz por las calles,
que el silencio se haga un grito
y la violencia sea acallada.

(12-8-97)

LIV. SIEMBRA Y COSECHA

Siembra el amor
en extensos campos
y el amor será tu fruto,
y todos lo compartirán.
Siembra el odio
en un tiesto
y ese será tu pecado,
y todos te apartarán.
Los amigos serán
cosecha del amor cultivado.
Los enemigos serán
la mala hierba entre la siembra
que has de separar de tus campos,
pero nunca habrás de quemarla.
Plántala fuera de tus cultivos
y enséñale así su camino,
pues su función es otra.
Los caminos del amor son infinitos,
pues cada ser tiene el suyo propio.

(1997)

LV. MIRAR HACIA DENTRO

Cuando pienses que el dolor
se vuelve insoportable,
en lo más recóndito del corazón
siempre habrá una luz,
la de la belleza interior
que iluminará tu mente.
Cada lágrima que brote
paliará tu amargura.
Rodará por tu rostro
y agrandará su hermosura,
vaciará de tu corazón
la corrupta negrura,
limpiando tu alma,
haciéndola más segura.

(3-98)

LVI. LA ENSEÑANZA DEL SILENCIO

No siempre el que más habla
dice más verdades
o el que más grita
tendrá la razón.
El que más escuche
recogerá cosechas.
No siempre las palabras
son sabiduría.
Una mano a tiempo
o una sonrisa
consuela mejor mi corazón
que un lamento
o mil palabras de aliento.

(7-97)

LVII. LA VENGANZA

Manjar exquisito
es la venganza.
Madura y reposa
en barrica de roble,
cogiendo cuerpo y solera.
Pero cuando sale de ese
su entierro en las entrañas
y toma contacto aéreo,
su pútrido olor
corrompe el aire,
dejando dulce sabor
en ejecutoras manos.
La espera ha sido eterna,
el dolor fue hiel bebida.
La sed de justicia
fue saciada.
Mas, consumada la venganza,
te das cuenta
de que ni siquiera es suficiente.

(25-10-96)

LVIII. CONTRADICCIONES

¿Quiénes fuimos este tiempo?
¿Quiénes no éramos?
Tristes máscaras de Carnaval
que ocultan una faz.
Yo intentaba ser luz,
y una vez me encendías
y mojabas dos la mecha
de mi vela de amor.
Yo buscaba la alegría,
y una vez sonreías
y otras dos la ensombrecías.
Tristes máscaras ocultan
nuestras contradictorias vidas.
Una disimula mi tristeza,
otra encierra tu interior.
Yo intenté ser yo,
y una vez lo conseguía
y tú lo reprochabas dos.

Yo intenté remar al frente,
y una vez avanzaba
y tú dos contrarrestabas.
Hasta que al fin
se partió el timón
y, navegando los dos
en una absurda deriva,
yo intenté llegar a puerto
y una vez veía el faro,
tú dos a altamar cambiabas.
Nos hundimos en el hastío,
yo intenté salvarnos
y, cuando casi lo creía,
te lanzaste en barrena
a la oscuridad del mar.
Contradicciones que, al final,
una vez salvaban la vida
y dos la perdían sin parar.

(12-4-98)

LIX. SOLEDAD

Un frío intenso
recorre mi espalda.
Una niebla espesa
se levanta en la noche.
Un motivo de aliento
para el último lobo
que corre por las Highlands.
Va hacia las montañas
ocultándose entre los brezos.
Sus ojos escudriñan
entre la bruma.
Otros ojos lo espían
penetrantes, inquisitivos
en la oscuridad.
Se dirige hacia ellos
como el que se acerca
a una muerte ansiada,
pero descubre a un hermano.

Se acerca a él
y descubre su reflejo
en el helado rocío de las rocas.
Es mi soledad
la que vi esa noche.
Bordeo el lago
y avanzo entre las rocas
de la orilla sin descanso.
Con el alma ensangrentada
llego por fin a las Highlands,
el eterno refugio
donde aullar en la soledad
que quizá mañana
la muerte me arrebate.

(15-10-95)

IX. CAMBIOS EN EL POETA

En la nocturna oscuridad:
¡cuántas veces, con la soledad,
hubieses cogido una guitarra
y tocar una canción desgarrada!
Reflejar el momento,
pues fue soledad
tantas veces tu tormento.
En lugar de guitarra,
poesía fue tu aliento,
tristes notas en blanco y negro
que escupía el sufrimiento
por el desengaño feroz
que desperdicia el sentimiento.
Soledad fue tu verdugo.
Soledad fue tu costumbre.
Soledad es tu yugo.
Soledad es tu lumbre.

Arrastras aún tus silencios,
abstraído en fatuo fuego,
poeta de los desprecios,
víctima de sus juegos.
Martillean en tu cabeza
el adiós y los desvelos,
resonando en tu interior
del yunque los ecos.
Aparta de tu mente
aquellos recuerdos,
pues eso son malos sueños.
Deja que se pierda el miedo.
Abre tu corazón al mar,
pues trae viento fresco.
Coge otra vez la guitarra
y tañe compases nuevos.
Notas de amor y alegría
para unos ojos sinceros.
26-6-97 (Pto. Sta. María)

LXI. FRÍA SOLEDAD

¿Qué miserable destino me acecha?
¿No he de tener derecho
a conseguir la felicidad?
Cuando, herido por Amor su flecha
y tocando ya su techo,
aparece traidora la soledad,
y corriendo hacia mi derecha,
la flecha me arranca del pecho
mostrando así su mezquindad.

Nunca a la vida pedí
que no me faltara una cosa,
tan solo el necesario amor.
Cada vez que lo conseguí,
tornose soledad celosa
y privome de él con dolor.
Nunca me libro de ti,
maldita tu fría losa,
maldigo tu duro rigor,
angustia para el infeliz,
que le aplasta gozosa
para ver su estertor.

(2-98)

LXII. EL HERMOSO AMOR

Guardo en un cofre
viejos recuerdos
de tiempos pasados.
Viejos amores eternos,
unos corazones tiernos.
Todos ellos ya murieron.
Guardo en mi corazón
el mejor hueco
para otro corazón nuevo.
Por fin, el amor verdadero.
Un amor sin promesas,
sino un amor con hechos.
No más corazones tiernos,
no más juramentos.
Las palabras mueren
con el paso del tiempo
y los hechos perdurarán
en nuestros recuerdos,
pues no es lo nuevo
más hermoso por nuevo;
lo nuevo, por hermoso,
ha de ser más nuevo
a medida que pasa el tiempo.

(1-97)

LXIII. EL CORAZÓN TIERNO

Tengo el corazón lleno
de amor para dar
y tengo el corazón vacío
de amor por recibir.
Tengo el corazón entero
para regalar amor.
Tengo el corazón roto
por amores que se fueron.
Tengo el corazón abierto
para los amores nuevos.
Tengo el corazón cerrado
para amores inciertos.
Tengo el corazón tierno,
entra y no le hagas daño,
pues otros ya lo hicieron
y aún las llagas tengo.
Cúralas o déjalas,
pero no pongas el dedo
donde el dolor es intenso.

2-5-98

LXIV. AMAR

No ames por olvidar
el amor pasado
ni olvides haber amado,
pues ni el nuevo amor
ni el pasado
merecen el desprecio.
Ama por llenar
el vacío dejado.
Ama por sanar
tu corazón herido.
Ama para recordar
que el amor es cierto,
que es tu destino.

(11-3-98)

LXV. CANTO A UNA NÁYADE

Sientes como
el latido de mi corazón
llega hasta tus manos…
Sientes que mis ojos
por los tuyos entran…
Un aire frío nos abraza
y el susurro del mar
nos arrulla de fondo.
Sentimos esa brisa que llega;
y la luz de la luna, que nos mira,
testigo mudo de nuestra historia,
de tantas historias.
Sentimos que el amor
se desliza en nuestros labios…,
que nos llena…, nos inunda…,
que nos ciega…
y un beso nos despierta
«¿De los tuyos?».
«No, de los nuestros».

(12-10-1998)

LXVI. DIVERGENTES

Que dos corazones amen
y sea recíproco amor
el que profesan
es hermoso.
Que dos corazones se unan
y la llama de amor
incandescente se torne
es hermoso.
Que dos corazones rotos
se aliasen para sanar
y la cura sea cierta
es hermoso.
Mas nuestros corazones
no llegarán a sanar nunca
mientras el mar nos separe,
ese mar que ambos amamos,
a la par que odiamos
porque nos distancia.

Ese mar que contendrá
nuestras lágrimas,
pues mutuamente nos añoramos.
A una orilla tienes tu vida
y en la otra yo la mía.
Barcos divergentes
que a la par caminan;
barcos que alejados
por distintas anclas son varados.
El amor es sufrimiento
cuando se echa de menos.
Las lágrimas de amor
tórnanse amargas.
La alegría de sentir
es amarga hiel bebida,
tornando así el amor
en una lenta agonía.

(20-11-1998)

LXVII. RECORDANDO SUEÑOS

Despiertan mis mañanas
con el corazón desbocado
por sueños que no recuerdo
o acaso recuerdos que sueño.
Sueños que no quiero recordar,
pues son recuerdos que no quiero soñar,
porque ya los soñé mil veces,
y mil veces los recuerdo,
pues mil veces desperté del sueño
y mil veces fueron recuerdos.

Un día realidades fueron,
pero el sol quemó la mecha,
el frío extinguió toda chispa,
la lluvia mojó la yesca
y el viento esparció las cenizas.
Despiertan mis mañanas
con el corazón desbocado
por sueños que no recuerdo.
Mejor no recordar sueños,
pues ni son alimento
ni son los recuerdos mi meta.
Sueño con despertar
y no recordar el sueño.

Sueño con que el amor
no sea un recuerdo,
pues vagamente recuerdo
cuando el amor no era un sueño.
No más sueños,
no más recuerdos.
Solo el amor quiero.
No quiero soñar más
ni más recuerdos quiero.
Solo quiero ver,
sentir un amor sincero.
Que me olviden mis recuerdos.

(2-3-1999)

87

LXVIII. LA ESPADA

Centro mi mirada
y veo mi reflejo
en el filete de mi espada,
cual si fuera un espejo.
Allí está mi cara,
me miran mis ojos
en largo y frío acero.
Solo veo mi rostro.
He de mirar más adentro,
esa cara ya la conozco.
Necesito ver mi alma.
Necesito encontrarme.
Ayúdame, hermano acero.
Eres la prolongación de mi ser,
de los elementos
cogiste la fuerza.
La forja fue larga,
la espera eterna,
pero ahora estás conmigo,
justo cuando te necesito.
Ahora puedo dormir tranquilo.

(26-10-1999)

LXIX. ESPERANZAS DE PAZ

Esperando el aliento soñado
aprendo a vivir en soledad,
pues es mi actual estado;
algo que espero temporal
mientras mi corazón sea vaciado
cada día un poco más.
Solamente cuando el vacío alcance
su plenilunio más cruel,
cuando la soledad sea un desierto
que abrase lo que floreció una vez,
cuando aprenda a vivir
sin todo aquello que me importa,
cuando la soledad sea costumbre
y no le pida ya nada,
solamente conseguiré mi paz,
la paz que mi vacío corazón
necesita para ser llenado,
para ser florido vergel de amor
que nunca vuelva a ser secado.

(1-2000)

LXX. LOS SENTIMIENTOS OLVIDADOS

Pasaron largos inviernos
entre primaveras de dos días,
sin veranos que recordar
y un otoño difícil de olvidar.
Las flores que vi brotar
unas veces las ajó el tiempo;
otras, simplemente marchitaron;
las menos, las eché a perder;
y las más, solo fueron sueños.
Pensaba que tras tanto invierno
el corazón se me heló
en los recuerdos.
Pero un agosto invernal
me devolvió la vieja sangre
que en otros tiempos me conmovía
con sentimientos que ayer
no me eran ajenos
y creí naufragados
en el oscuro pasado.

Irreflotables en lágrimas
que hundieron mi corazón
en un mar de soledades.
Se largó la primavera
sin esperar a despedirse
y me dejó conteniendo
la respiración, intentando
retener su fragancia
unos segundos de más
que suavicen un largo invierno.
Siendo antes de irse generosa,
me dejó, esta vez,
el corazón a flote,
las lágrimas enjugadas,
un beso en la mejilla,
una mueca tonta en mi cara
y una sonrisa en su rostro.

(7-8-2000)

LXXI. LA LUZ DE TU SONRISA

Jugábamos a descifrar Madrid
desde su colina más alta
mientras el frío de la noche
me estremecía el alma.
La ciudad se nos hacía fugaz
y la noche aclaraba.
Luchar contra una pesadilla
con un sueño buscabas,
intentando terminar un libro
con un capítulo eterno,
pues del final del cuento
no eres la única autora.
¡Cuántas veces creemos
no ser los dueños de nada
y en verdad somos reyes en calma
con una sonrisa como única arma!
A pesar de las sombras
que la amenazan, tu sonrisa
siempre sabe abrirse brecha
en tan desigual batalla.
No te falta una excusa
para mostrar la luz que guardas
ni me faltan a mí razones
para devolverte la luz que tú gastas.

Eterno fuego de un faro
que la brisa alimenta hasta el alba
será la luz que te aguarda.
Eterna ascua que aviva
la incandescente llama
ha de ser tu sonrisa.
¡Quién fuera esa mano
que el fuego guarda
para ser parte de la luz
que tu corazón nos canta!
¡Quién fuera el ascua
que en la hoguera arde
para hacer de tu sonrisa
la incandescente llama,
para hacer de tu mirada
que no broten más lágrimas,
para que no apaguen la luz
que tu sonrisa nos manda!
¡Brille, pues, la sonrisa en tu cara!,
que pronto arribará al puerto
que con cariño la aguarda,
pues la paz del alma la llama
y tu sonrisa será la calma.
Kunming, China (7-7-2000).

LXXII. LA VIDA REPETIDA

Una vez más,
la pluma es mi destino.
Mi mano vuelve a ser lengua.
El papel, mi público.
Mi corazón, protagonista.
Mi mente, apuntador.
La soledad, el argumento.
El lobo, mi espejo.
Mi vida, el teatro.
Sécate, maldita pluma.
Mano febril, deja de escribir.
Ignórame, papel infame.
Corazón sensible, deja de sentir.
Mente huidiza, deja de pensar.
Amor engañoso, déjame vivir.
Amor sincero, quédate en mi casa,
dame tranquilidad.
Soledad, déjame en paz.

(8-8-2000)

LXXIII. EMPEZAR DE NUEVO

La nada surge
cuando todo cesa.
El silencio se oye
cuando el ruido calla.
Silencio y nada
son soledad,
pues soledad viene
cuando todos marchan.
Las lágrimas brotan
cuando el corazón se seca,
los ojos se secan
cuando la soledad viene.
Soledad nos queda
cuando todo falla.
Soledad, estado inicial
desde donde se debe renacer.

(8-8-2000)

LXXIV. LA FUERZA NECESARIA

Si cada abrazo que te diera
fuera un ápice de fuerza;
si cada beso regalado
fuera una palabra segura;
si cada roce, acariciándote,
fuera un paso en tu camino,
eternos serían
mis abrazos,
mis besos,
mis caricias
para saciar tu calma.
Si pudiera navegar
tus pensamientos procelosos
cual galerna de mar,
si pudiera cabalgar
tus miedos tenebrosos
como caballo sin domar…

Mal jinete y marinero
encontraste en el camino.
Cómo quisiera darte
la paz y el sosiego
que anhelas en tu alma.
Solo te puedo dar
lo que tengo:
un corazón,
mis versos,
mis abrazos,
mis caricias,
mi vida,
mis besos.

(25-11-2006)

LXXV. LA DERROTA

Vista la vida en un recuerdo,
desde el comienzo
de despertar al amor,
no veo sino reflejos
de una felicidad fugaz,
que anidaba en mi mente.
La realidad era cruel,
pues la derrota era el final
de cada uno de los envites.
Daba igual si era yo
retado o retador.
La moraleja del cuento
era el mismo miedo
para todas las historias.

(25-11-2006)

LXXVI. ERES

Eres la paz que he soñado,
eres los momentos anhelados
que al amor he rezado.
Eres los ojos que enamoran,
eres la sonrisa dulce
que me acuna el alma.
Eres la calma bienvenida
tras la tormenta que arrasa.
Eres el sueño dulce
tras la pesadilla amarga.
Eres el amor mismo,
el amor que me alcanza

(26-11-2006)

Al ser una compilación de 3 libros, todas las poesías están registradas, pero en tres liquidaciones diferentes:

- Liquidación Provisional n.º 38888 del Registro Provincial de la Propiedad Intelectual de Madrid
- Liquidación Provisional n.º 79060 del Registro Provincial de la Propiedad Intelectual de Madrid
- Liquidación Provisional n.º 59/806006.9/23 del Registro Provincial de la Propiedad Intelectual de Madrid

ÍNDICE

I. POESÍA..9

II. MJOLNIR...10

III. DESDE LA ÚLTIMA VEZ................................11

IV. COMO UN RÍO...12

V. ¿DÓNDE QUEDÓ TU SONRISA?.....................13

VI. EL GRITO DEL MAR...14

VII. UNTITULED SONG...16

VIII. UN AÑO DESPUÉS...18

IX. ATRAPADO..20

X. ¿POR QUÉ LA NOCHE?.......................................22

XI. CANCIÓN DE AMOR...24

XII. CANTO A LIDIA...25

XIII. PATRICIA...26

XIV. LA BLANCA FLOR...27

XV. ROSA DE ESCOCIA..28

XVI. HISTORIA DE UN CORAZÓN ROTO..........29

XVII. CHICA DE OJOS DEL COLOR DEL MAR..........30

XVIII. DÍAS DE ROSAS Y MAR.................................32

XIX. CASTILLA..33

XX. AMIGOS...34

XXI. SUEÑOS TRISTES DE PRINCESA..................35

XXII. CIUDAD RODRIGO...36

XXIII. ¿DÓNDE ESTÁ EL AMOR?.............................37

XXIV. EL TIEMPO PASARÁ..38

XXV. EL SUEÑO ESCOCÉS.......................................39

XXVI. EL RAYO DE ESPERANZA.....................................40

XXVII. MI PRINCESA SOÑADA 41

XXVIII. RECORDANDO SEIS AÑOS ATRÁS 42

XXIX. EL SUEÑO DEL LOBO 44

XXX. NADA SERÁ IGUAL 45

XXXI. PRINCESA (Poema de una desesperación) 46

XXXII. DESAMOR 48

XXXIII. ROMA, 3 DE ENERO DE 1992 50

XXXIV. DOLOR Y AMOR..52

XXXV. DESEOS...53

XXXVI. REGALO DE AMOR 54

XXXVII. CUENTO DEL CASTILLO Y LA YEDRA..........55

XXXVIII. AMANECER..56

XXXIX. ATARDECER...57

XL. ANOCHECER...58

XLI. EL CAMPO DE BATALLA 59

XLII. TRISTEZA 60

XLIII. DUDAS 61

XLIV. SIN PERDÓN 62

XLV. MAGIA ES LA POESÍA 63

XLVI. VERSO LIBRE 64

XLVII. ORACIÓN POR UN SEGADOR 65

XLVIII. EL TIMONEL 68

XLIX. EL ÚLTIMO ALIENTO DE UN VALIENTE..........69

L. VELATORIO EN CASTILLA 70

LI. REFLEXIÓN ANTE LA MUERTE 71

LII. RESPUESTAS, RESPUESTAS 72

LIII. MANOS BLANCAS 73

LIV. SIEMBRA Y COSECHA 74

LV. MIRAR HACIA DENTRO 75

LVI. LA ENSEÑANZA DEL SILENCIO 76

LVII. LA VENGANZA 77

LVIII. CONTRADICCIONES 78

LIX. SOLEDAD 79

LX. CAMBIOS EN EL POETA 80

LXI. FRÍA SOLEDAD 81

LXII. EL HERMOSO AMOR 82

LXIII. EL CORAZÓN TIERNO 83

LXIV. AMAR 84

LXV. CANTO A UNA NÁYADE 85

LXVI. DIVERGENTES 86

LXVII. RECORDANDO SUEÑOS 87

LXVIII. LA ESPADA 88

LXIX. ESPERANZAS DE PAZ 89

LXX. LOS SENTIMIENTOS OLVIDADOS 90

LXXI. LA LUZ DE TU SONRISA 91

LXXII. LA VIDA REPETIDA 92

LXXIII. EMPEZAR DE NUEVO 93

LXXIV. LA FUERZA NECESARIA 94

LXXV. LA DERROTA 95

LXXVI. ERES 96